L'INSCRIPTION

DE

RAMAN-NÉRAR Ier

ROI D'ASSYRIE

(Réponse à un article de Mr Oppert)

PAR

H. POGNON

CONSUL DE FRANCE A BAGDAD

L'INSCRIPTION

DE

RAMAN-NÉRAR Ier

ROI D'ASSYRIE

(Réponse à un article de Mr Oppert)

PAR

H. POGNON
CONSUL DE FRANCE A BAGDAD

L'inscription

de

Raman-nérar I roi d'Assyrie

Réponse à un article de Mᵣ Oppert (1)

———◦⟨◇⟩◦———

L'inscription de Raman-nérar I , un des plus anciens textes du dialecte assyrien proprement dit, connus jusqu'à ce jour, a été publiée aux planches 44 et 45 du quatrième volume du recueil de textes du British Museum, d'après un exemplaire unique qui se trouvait à Londres. Elle a été traduite plusieurs fois, notamment par MM. Sayce et Peiser et par moi. Assez facile en général, cette inscription contient pourtant, comme presque tous les textes historiques du reste, un certain nombre de mots inconnus et de phrases obscures, et, lorsque je publiai ma traduction dans le Journal Asiatique en 1884, je crus devoir la faire suivre d'un commentaire philologique dans lequel je m'efforçai, dans la limite du possible, de justifier le sens de chaque mot.

Dans le courant de l'année dernière, le P. Scheil publia

---

(1) Adad-nirar, roi d'Ellassar, par Mᵣ Jules Oppert; extrait des comptes-rendus de l'Académie des Inscriptions et Belles-Lettres 1893.

une transcription en caractères romains, d'après un exemplaire de la même inscription qu'il avait découvert chez un marchand d'antiquités de Constantinople (1).

Le nouveau texte publié par le P. Scheil est précieux, car il permet de corriger un certain nombre de fautes qui se trouvent dans l'inscription de Londres, et de combler les lacunes qui rendaient plusieurs passages incompréhensibles.

C'est ainsi qu'à la ligne 7 de l'inscription de Londres, il faut lire *Loupdi* au lieu de *Koupki* ou *Koupdi*, à la ligne 8 *Elouhat*; la ligne 10 commençait par les mots *cha naphar malké*, et la ligne 36 par *cha tarsi* (par un ص). A la ligne 42, au lieu de *itti bouli* il faut lire *itti pili*, et le caractère effacé qui se trouve au milieu de la même ligne, est ALU, ERI; enfin, la phrase fautive et incompréhensible *ina bérichou limouti matsou libri* (1. 79) doit être corrigée en *ina bériq limouti matsou libriq*. L'inscription de Constantinople contient en outre quelques variantes, les unes purement orthographiques, les autres peu importantes et quelques additions ; par contre, plusieurs mots qui se trouvent dans l'inscription de Londres aux lignes 45 et 47 y ont été omis.

Le P. Scheil n'a pas publié de traduction, mais il a accompagné sa transcription de quelques notes intéressantes: il considère *nir* à la ligne 3. comme une forme du verbe *narou*, et l'énigmatique *Tabnouti* qui le suit, comme un nom de peuple; il a reconnu dans *Oubasé* (ligne 42) un nom propre de ville, et traduit, avec raison je crois, *gounou* (ligne 20) par

____

(1) Recueil de travaux relatifs à la philologie et à l'archéologie égyptiennes et assyriennes. Vol XV, 1.3 et 4, 1893 pl. 38,

district. Son travail sera donc non-seulement utile, mais indispensable aux futurs traducteurs de l'inscription.

Dans le courant de l'année dernière également, un négociant arménien montra à M᷊ Oppert un texte de l'inscription de Raman-nérar I gravé sur une plaque de grès. Qu'est devenu ce texte? Je l'ignore, et il est très-probable que c'est celui que le P. Scheil a vu et copié à peu près à la même époque à Constantinople. Quoi qu'il en soit, M᷊ Oppert paraît avoir eu entre les mains un texte correct de l'inscription et il en a profité pour publier une transcription bien inférieure à celle du P. Scheil, accompagnée d'une pitoyable traduction.

La nouvelle traduction de M᷊ Oppert ressemble en somme beaucoup, dans tous les passages faciles, à celles de ses devanciers et mon commentaire philologique paraît lui avoir été fort utile. Lorsque sa traduction s'éloigne des traductions antérieures, elle n'est pas meilleure, parfois même elle devient absolument mauvaise. M᷊ Oppert n'a pas reconnu le sens d'un seul mot obscur, il n'a pas compris mieux que ses devanciers une seule des phrases difficiles que contient l'inscription ; il leur reproche aigrement l'imperfection très-réelle de leur traduction, mais ne s'aperçoit même pas que la sienne est de beaucoup la plus imparfaite. En lisant son travail, on est étonné du peu de parti qu'il a su tirer du texte correct qu'il avait sous les yeux, de l'acrimonie avec laquelle il attaque ses confrères, et surtout de la méthode antiscientifique avec laquelle il présente, à chaque instant, ses hypothèses comme des certitudes.

M᷊ Oppert commence par affirmer que l'idéogramme AN IM se lisait *Adad* et que, par conséquent, le nom du roi est *Adad-*

nirar. Il y a longtemps que MM. Bezold et Pinches ont établi que le groupe AN IM pouvait se lire *Addou, Daddou,* (voir notamment *Proceedings of the society of biblical archaeology* 1887, p.377; *Zeitschrift fur Assyriologie* vol. I p.202), mais ce groupe avait d'autres lectures encore. Le nom propre *Adadna-dinachès,* bien qu'incontestablement de forme assyrienne, ne se trouve que sur des briques de l'époque grecque et nous n'en avons pas la transcription en caractères cunéiformes . Nous ignorons donc comment le groupe AN IM doit être lu dans les noms propres, surtout lorsque ces noms propres sont antérieurs au dixième siècle avant notre ère, et si Mr Oppert est autorisé à lire le nom du roi qui nous occupe *Adad-nirar,* il ne saurait, dans tous les cas, donner son opinion comme certaine.

A la ligne 1, Mr Oppert traduit *roubou ellou simat ili etellou chakanki ilané* par: *le prince illustre d'après les décrets divins, le chef des vicaires des dieux,* et il ajoute en note: «Nous passons sur les traductions que MM. Pognon et Peiser ont données des premières lignes: *au fait du roi, le prince brillant, consacré aux dieux, le souverain, le vicaire des dieux;* tous les deux n'ont pas compris le sens et ont méconnu le génitif pluriel.»

Je n'ai jamais traduit *au fait du roi, le prince brillant,* je ne vois même pas ce qu'une pareille phrase peut bien vouloir dire en français, et Mr Oppert ferait bien de ne pas attribuer à ses adversaires des absurdités qu'ils n'ont pas commises. J'ai consacré, dans mon commentaire, tout un paragraphe au mot *simat,* et j'ai essayé d'en fixer les différentes acceptions: j'ai cru et je crois encore que *simat ili* veut dire au propre: *propriété du dieu,* mais je n'ai pas donné ma traduction comme certaine;

dans tous les cas, *simat ili* paraît être un titre ou une épithète s'appliquant au roi. Mr Oppert a jugé à propos de traduire *simat* par *décret*, c'est parfait; mais il se garde bien de citer une seule phrase où ce mot se trouve avec cette acception; il oublie en outre d'expliquer comment le substantif *simat*, sans préposition, pourrait être traduit par *ex decreto*. Je crois donc pouvoir dire que si ma traduction *le prince brillant consacré au dieu (propriété du dieu)* n'est pas certaine, celle de Mr Oppert *dominus illustris ex decreto divino* est certainement mauvaise. En ce qui concerne la forme *chakanki* au lieu de *chakankou*, ou mieux *chakanakkou*, je reconnais qu'elle est difficile à expliquer, car la déclinaison est généralement observée dans Raman-nérar I; mais, si *chakanki* était un génitif pluriel, comme le veut Mr Oppert, le mot qui précède serait à l'état construit, et le texte porterait *étel chakanki ilané* au lieu de *étellou chakanki ilané*. Si donc j'ai méconnu le génitif pluriel *chakanki*, Mr Oppert, lui, a méconnu le nominatif singulier *étellou*. En réalité, il y a là quelque chose d'inexplicable, et le texte est peut-être fautif; Mr Oppert est libre de considérer *chakanki* comme un pluriel, mais il ferait bien de ne pas donner son opinion comme indiscutable .

A la ligne 3, j'avais traduit *nir tabnouti* par *à la place des ruines*, en avouant honnêtement que ma traduction était tout à fait conjecturale; Mr Oppert traduit *contra incursiones*, mais, moins honnête que moi, il a l'air de donner sa traduction comme certaine. La phrase est donc aussi obscure après le travail de Mr Oppert qu'elle l'était auparavant, et je crois que l'hypothèse la plus vraisemblable est celle du P. Scheil qui

8

considère *nir* comme une forme du verbe *narou*, et *Dapnouti* comme un nom propre.

A la ligne 32, Mr Oppert traduit *ellatou* par *tribu* et déclare doctoralement en note, que ce mot ne veut pas dire *peuple* ni *force militaire*, mais est tout simplement (ce *tout simplement* me paraît comique) la tribu opposée à la caste ou *kimtou*. Les assyriologues sérieux, ceux qui prennent la peine de dépouiller les textes, ont parfois beaucoup de mal à reconnaître en gros le sens des mots, et, dans la plupart des cas, les nuances leur échappent complètement. La nuance de sens que Mr Oppert attribue à *ellat* serait fort curieuse, si elle était prouvée; malheureusement elle ne repose que sur une affirmation, et tous ceux qui lisent les traductions que Mr Oppert fait depuis quelques années, savent qu'en matière de lexicographie ses affirmations n'ont aucune valeur.

Ni Mr Peiser, ni moi, n'avons compris la ligne 42 et franchement nous étions excusables, car *bouli* est une faute du graveur pour *pili*, et le caractère qui précède *Oubasé* est douteux dans l'inscription de Londres. Mr Oppert a eu sous les yeux un texte correct et lisible (la preuve c'est qu'il l'a lu); il n'en est que plus inexcusable d'avoir mal traduit la phrase, de n'avoir pas vu que *Oubasé* est un nom de ville, et d'avoir considéré ce mot comme un terme obscur ; mais ce qui est vraiment par trop fort, c'est que ce savant qui a eu entre les mains un texte lisible et même facile, et qui n'a pas su le comprendre, reproche en note à ses prédécesseurs qui n'ont eu à leur disposition que l'inscription de Londres, *d'avoir mal analysé la phrase* (textuel).

A propos de *chahlouqti* (l. 53 de l'inscription de Londres) Mr Oppert affirme que *halaq* veut dire *polir*. Il serait oiseux de citer des exemples de *halaq* avec le sens de *détruire*; notre inscription en contient plusieurs dans des phrases si claires que Mr Oppert lui-même les a comprises ; quant au sens de *polir*, il serait difficile d'en citer un seul exemple; la traduction que Mr Oppert propose pour *chahlouqti* est donc erronée.

A la ligne 54, probablement pour se distinguer des autres traducteurs, Mr Oppert lit *mechi* le mot que tous ont lu *melim*. L'existence d'un mot *melou* n'est pas à démontrer ; quant à un mot assyrien *mechou* signifiant *rebut*, il doit être tenu pour un simple barbarisme, tant qu'un exemple formel n'en sera pas donné. Un peu plus loin, il paraît avoir lu Ê CHU AN au lieu de Ê AZAG AN. L'inscription de Londres porte pourtant Ê AZAG AN et celle de Constantinople aussi, ainsi qu'on peut s'en assurer en lisant la transcription du P. Scheil. Est-ce pour se faire pardonner cette fausse lecture et les contre-sens qui l'accompagnent, que Mr Oppert ajoute :« tout cela a été absolument mal compris, surtout par Mr Pognon ? ». Les assyriologues apprécieront qui, de Mr Oppert ou de moi, a le plus mal compris!

Aux lignes 59, 60, 61, les mots *achchou irriti chinatina nakara aha aïba limna*, etc. sont très-difficiles. J'ai accompagné ma traduction d'un long commentaire, j'ai fait de mon mieux pour justifier le sens de chaque mot, mais je ne suis nullement certain que ma traduction soit bonne. Ce dont je suis parfaitement certain, c'est que celle de Mr Oppert est détestable : il serait facile de prouver par des exemples, que *aïbou* ne veut pas dire *inimitié*, mais *ennemi;* que *achchou* ne veut pas dire *contre*, et que *ahou* signifie *étranger* ou quelque chose d'analogue, mais certainement pas *changement*.

Mr Oppert accuse les traducteurs antérieurs de n'avoir pas vu aux lignes 66, 67, que *Igigou* et *Anounnakou* sont des singuliers. Je l'ai si bien vu que j'ai supposé que *Igigou* et *Anounnakou* étaient des collectifs; je l'ai supposé sans preuves, du reste, mais les mots *ina pouhrichounou* que je n'avais pas lus, car ils sont fautifs dans l'inscription de Londres, semblent bien justifier cette hypothèse. Néanmoins, Mr Oppert est libre de traduire au singulier.

A la ligne 79 de l'inscription de Londres, les mots *ina bérichou limouti matsou libri* sont absolument dénués de sens: Mr Peiser et moi, nous n'y avons rien compris, et je me suis bien inutilement évertué, pour ma part, à trouver, dans mon commentaire, un sens à une phrase qui n'en avait pas. L'inscription de Constantinople porte, *ina beriq limouti matsou libriq* « qu'il foudroie son pays de la foudre d'inimitié ». Mr Oppert qui a eu le texte correct sous les yeux l'a lu de travers *ina bérichou matsou limouti libriq*, et a traduit «*fulminibus suis horridis terram ejus jaculetur.* » L'addition malencontreuse du mot *suis* prouve que Mr Oppert a deviné, plutôt que compris le sens de la phrase. Il lui serait impossible de citer un exemple d'un mot *béri* signifiant *foudre;* le passage est pourtant si clair que, si on lit *libriq*, la restitution *ina bériq* s'impose. Cela ne l'empêche pas de déclarer en note que « la fin du texte a été encore méconnue par Mr Pognon et par Mr Peiser » ; la vérité c'est que MM. Pognon et Peiser n'ont pas pu comprendre une phrase incompréhensible, et que Mr Oppert a mal lu une phrase très-claire et très-compréhensible, dont il a approximativement deviné le sens.

Je viens de montrer quels sont les procédés d'argumentation de Mr Oppert, et combien il est malheureux lorsqu'il attaque ses confrères. Sa traduction contient d'autres contresens encore, qu'il aurait pu éviter en suivant purement et simplement ses prédécesseurs; en voici quelques-uns: *cha changgousou ina ekourratim choutourat* ne veut pas dire *qui sacerdotium suum in templis instauravit*, mais *cujus sacerdotium in templis instauratum est; ichaknou* ne veut pas dire *il retiendra*, mais *il placera; enouma* veut dire *lorsque* et non pas *quondam.*

Parlerai-je des fautes de lecture de Mr Oppert? Sa transcription en contient un certain nombre, notamment *youchaknichou* (1.10) pour *oucheknichou; abni* (1.28) pour *titi* (par deux ♭); *achrou chouatou* (1.30) pour *achra chaatou, tagnou* (protector??) pour *gounou* (1.14). Quelques-unes de ces fautes, pas toutes, pourraient à la rigueur être attribuées à l'imprimeur, mais pourquoi Mr Oppert écrit-il *ilé* au pluriel, pour *ilané?* Pourquoi lit-il *va* le suffixe MA qui se prononçait très-probablement, (je crois que je pourrais dire certainement) *ma?* Est-ce parce que ces fautes se trouvent déjà dans son *Expédition de Mésopotamie,* et qu'il n'admet aucune des découvertes qu'il n'a pas faites?

Les Assyriologues sérieux qui liront le travail de Mr Oppert s'apercevront sans peine que, si l'inscription de Raman-nérar contient encore beaucoup de passages ou de mots obscurs;

12

et si ce texte intéressant attend toujours son traducteur défi-
nitif, ce traducteur ne sera certainement pas M⟨r⟩ Oppert, car,
de toutes les traductions qui ont paru jusqu'à ce jour, la sienne
est certainement une des plus mauvaises. Cette incontestable
vérité échappe pourtant à M⟨r⟩ Oppert lui-même, et voici en quels
termes il juge ses travaux et ceux des assyriologues actuels:

« Nos successeurs de l'heure actuelle, plus ou moins jeunes,
« ne doivent pas oublier une chose importante : ils peuvent
« s'imaginer qu'ils doivent tout à eux-mêmes; en voyant par
« les yeux des maîtres, avec une morgue assez irréfléchie, ils
« sont à même de s'exagérer leur progrès et de taire bruyam-
« ment jusqu'aux noms de leurs prédécesseurs. Ils ne pourront
« pourtant pas empêcher, que, pendant leur vie et après leur
« mort, d'autres gens naissent, grandissent et s'occupent des
« mêmes études. Ceux-ci, historiens impartiaux et chercheurs
« désintéressés, trouveront que les premiers interprètes des
« textes cunéiformes n'ont pas été dépassés par leurs successeurs
« immédiats, et que les progrès que ces intermédiaires ont
« réalisés dans cette matière, sont insignifiants, pour ne pas dire,
« presque nuls. Je parle de l'explication et de la traduction
« des textes, et je dis et je maintiens que les difficultés que
« les premiers interprètes n'ont pas pu résoudre, ont, pour la
« plupart, bravé la sagacité de leurs successeurs. Les phrases
« obscures n'ont pas été éclaircies ; les mots mystérieux atten-
« dent, pour la plupart, leur solution lexicographique, et cette
« pénurie dans le progrès n'est guère compensée par quelques
« remarques de philologie comparée, contestables et dénuées
« assurément de cet intérêt et de ce mérite que peut revendi-

« quer la moindre indication du sens d'un document incompris
« jusqu'aujourd'hui.

« Cette observation ne s'applique pas tant à la traduction
« des textes juridiques, qui remontent à une date relativement
« récente, mais surtout aux documents historiques et architec-
« toniques rédigés par les monarques . Même des points de
« détail quelquefois rectifiés ne sont pas toujours amendés
« dans le bon sens, et les interprétations vieilles de quarante
« ans sont souvent encore les meilleures. Par contre , s'il y a
« dans une inscription un terme inusité , une tournure sans
« pendant analogue , ils sont généralement mal interprétés par
« les adeptes plus jeunes, s'ils ne sont pas laissés sans
« explication aucune. Le texte d'Adad-nirar nous fournira un
« curieux spécimen à cet égard . »

La conclusion de Mr Oppert est vraiment amusante, à
force d'être malheureuse, car sa traduction de l'inscription de
Raman-nérar prouve que, si quelqu'un n'a pas fait de progrès,
depuis vingt ans, c'est incontestablement lui .

Cette violente philippique contre les assyriologues modernes tombe, du reste, complètement à faux . Personne n'a
jamais méconnu les services que Mr Oppert a rendus à la
science; mais ces services, si grands qu'ils soient, ne lui donnent
pas le droit de dénigrer systématiquement ce qui se fait en
dehors de lui. Tous ceux qui se tiennent au courant des découvertes assyriologiques savent que la lexicographie a fait, quoi
qu'en dise Mr Oppert, d'énormes progrès depuis vingt ans. On
s'attache bien plus aujourd'hui à reconnaître le sens exact des
mots qu'on ne le faisait à l'origine, le dépouillement des textes

est bien plus consciencieux, la méthode bien plus parfaite, et, si les assyriologues modernes ont, en somme, moins de mérite que leurs devanciers Hinks, Rawlinson, Fox Talbot et ceux dont les travaux ont permis de déchiffrer les inscriptions cunéiformes, ils n'en ont pas moins fait réaliser de grands progrès à l'assyriologie. Aucun d'entre nous, que je sache, n'a jamais donné l'assyrien comme une langue connue; nous sommes les premiers à reconnaître l'imperfection de nos traductions, et c'est à cette sage défiance que nous avons de nous-mêmes, qu'il faut attribuer les progrès de la lexicographie. Quant à *taire bruyamment* le nom de nos prédécesseurs, selon la pittoresque expression de Mr Oppert, cela nous serait bien difficile, du moins pour son nom à lui, car il se charge de nous le rappeler *bruyamment*.

Mr Oppert se fait, je crois, de grandes illusions sur le rôle qu'il a joué : les découvertes les plus importantes ne lui sont pas dues, et, sous bien des rapports, il a été de beaucoup inférieur à ses contemporains. Il a nié, pendant des années, l'existence du permansif et celle du second aoriste ou futur, dont les formes principales avaient pourtant été reconnues, presque dès le début, par les assyriologues anglais; il a toujours fait un abus déplorable de l'étymologie, et, à aucune époque, il n'a songé, comme on l'a fait après lui, à déterminer, par de longues et attentives comparaisons de textes, le sens exact des mots. A vrai dire, son grand mérite a été de croire à l'assyriologie et de s'en occuper, à une époque où personne ne voulait le faire, et où il était de bon ton, dans les parages de la Coupole, de déclarer que l'assyrien n'était pas une langue sémitique. Nous lui savons gré des combats qu'il a soutenus, nous ne lui marchandons pas les éloges, nous reconnaissons qu'il a été, non pas le père (l'expression serait exagérée), mais un des fondateurs de l'assyriologie; mais nous regrettons amèrement que, depuis quelques années, il s'efforce d'en devenir le parâtre et dénigre systématiquement les travaux de ses confrères. Mr Oppert doit infiniment plus à l'assyriologie qu'elle ne lui doit; pourquoi veut-il la faire disparaître du territoire français avant de mourir?

Cette attitude est d'autant plus regrettable que Mr Oppert est le seul assyriologue qui soit membre titulaire de l'Académie des Inscriptions. Dans l'état actuel de nos mœurs, les membres de l'Institut sont des puissances; tout dépend d'eux, rien ne peut être fait sans eux. Cette toute-puissance a, je le reconnais, d'heureux résultats pour les études grecque et latine; les hellénistes et les latinistes étant nombreux en France, elle est, du reste, contrebalancée par l'opinion publique. Il n'en est peut-être pas de même pour les études orientales : les orientalistes sont très-peu nombreux chez nous, et beaucoup de ceux qui ne sont pas Immortels sont, hélas ! candidats. Aussi n'y a-t-il pas d'opinion publique, et la puissance des membres de l'Institut est-elle illimitée. Ils sont les maîtres des journaux et des revues, les maîtres des missions, et l'on pourrait presque dire qu'ils sont les maîtres du budget scientifique de la France; car ils peuvent, en essayant d'arracher à leurs confrères un prix en faveur des entreprises qui ont lieu sous leur patronage, ou en faisant autour d'elles un tapage de presse bien senti, les faire durer indéfiniment, si peu scientifiques qu'elles soient. Il est à peu près impossible de publier une ligne en France, sans l'appui de l'un d'entre eux, et les velléités d'indépendance ou les tentatives d'opposition sont, en général, sévèrement prohibées. J'en sais quelque chose pour ma part, car, ayant fait une découverte qui, un jour, je l'espère, aura des conséquences scientifiques intéressantes, ayant reconnu quelle était la région appelée dans l'antiquité « pays d'Achnounnak », et y ayant trouvé des briques portant les noms de princes inconnus, briques que j'ai données au Cabinet des médailles, je n'ai pas pu publier en France un article consacré à cette découverte, parce que avec véhémence peut-être, mais aussi avec courage (le mot est juste, je crois), je blâmais certains accaparements et les lamentables conséquences qu'ils ont pour la science, et même pour la morale.

Je m'attendais bien à un échec et j'en fus quitte pour m'adresser à une revue étrangère. Si j'avais voulu faire du tapage autour de mon nom, je m'y serais pris d'une tout autre manière: j'aurais cherché un collaborateur, j'aurais sollicité certains patronages: mais quelles tristes mœurs scientifiques que les nôtres, et quel réjouissant et véridique chapitre Mr Daudet pourrait ajouter à sa prochaine édition de l'*Immortel*, s'il connaissait ce qui se passe dans notre petit monde d'assyriologues, si surtout il savait ce que je sais, s'il avait vu ce que j'ai vu !

Mr Oppert étant, je le répète, le seul assyriologue qui soit membre titulaire de l'Institut, et l'Institut étant tout chez nous, c'était à lui qu'il appartenait de défendre cette pauvre école assyriologique française, qu'il a, plus que tout autre, contribué à fonder. A aucune époque, en effet, sa situation n'a été plus précaire qu'aujourd'hui. Les assyriologues français n'ont jamais été très-nombreux; la mort en a déjà enlevé trois des plus méritants, Lenormant, Guyard et Amiaud; la suppression du cours d'assyrien que j'ai eu l'honneur d'inaugurer à l'école des Hautes-Études, rendra leur recrutement bien difficile; et ceux qui restent ont à lutter contre l'influence navrante, contre la toute-puissante mauvaise volonté de personnalités encombrantes, qui se sont déclarées, sans qu'on sache pourquoi, les grands maîtres de l'assyriologie; dont le patronage est presque obligatoire, et qui rendent systématiquement impossibles, les entreprises les plus sérieuses, lorsqu'elles n'ont pas lieu sous leurs auspices. D'ici à peu, j'en ai peur, un assyriologue qui prétend conserver son indépendance, ne pourra plus publier une ligne; et les éloges extravagants, les louanges ridicules à force d'être exagérées, qu'il sera de bon goût de prodiguer à de luxueux et peu utiles recueils qui n'ont coûté de travail qu'aux ouvriers qui les ont imprimés, et aux photographes qui en ont fait les planches, ne cacheront pas aux étrangers la décadence des études assyriologiques en France.

C'était à Mͬ Oppert, à lui surtout, qui a eu tant à souffrir de la mauvaise volonté et de l'injustice de certaines coteries, d'empêcher, maintenant qu'il siège enfin sous la Coupole, de nouvelles coteries d'exercer une influence plus néfaste encore que les anciennes. C'était à lui à veiller à ce que les travaux et les entreprises qui se font dans l'intérêt de l'assyriologie fussent sérieux, à guider ses illustres confrères, à leur montrer ce qui est scientifique et ce qui ne l'est pas, à les empêcher, dans des circonstances solennelles, d'être sur le point de commettre de lamentables bévues qui pourraient prêter à rire ; c'était à lui qu'il appartenait d'empêcher que l'assyriologie n'empruntât à la pharmacie certains procédés de réclame qui finiront par la discréditer. C'était à lui qu'il appartenait de faire, pour les assyriologues, ce que les orientalistes de l'Institut font en général et ont toujours fait pour ceux qui s'occupent des mêmes études qu'eux. C'était à lui, en un mot, que revenait l'honneur de protéger les études assyriologiques, de les empêcher de disparaître ou de céder, sous certaines influences, la place à une espèce d'archéologie facile, insignifiante et tapageuse (1).

(1) Je ne voudrais pas que le lecteur pût croire que j'attaque l'archéologie orientale, ou ceux qui s'en occupent ; l'archéologie est une science des plus difficiles et des plus méritantes, car elle suppose des connaissances philologiques sérieuses. Quelqu'un qui ne sait pas que le génitif de *dominus* est *domini* ne s'occupera jamais avec succès d'archéologie latine, et, si grand que soit le nombre des pots cassés ou des fragments de statues qu'il a amoureusement contemplés, on ne le regardera pas comme un archéologue, tout au plus lui donnera-t-on le titre d'antiquaire. Pourquoi est-il admis que l'on peut s'occuper avec succès d'archéologie orientale sans avoir les premiers éléments d'une langue orientale quelconque? Loin de moi, du reste, la pensée d'interdire à ceux qui n'ont pas fait des études spéciales de s'occuper de l'Orient; chacun est libre d'imprimer ses idées, et je ne vois aucun inconvénient à ce qu'un brave antiquaire public, par exemple, s'il en a bien envie, quelque traité sur les broderies dont Phryné se dépouilla devant l'Aréopage, comparées à celles dont se paraient les Babyloniennes qui, au dire d'Hérodote, faisaient le pied de grue dans l'enclos sacré du temple de Mylitta. Je trouve tout naturel, qu'alors même qu'il serait incapable de distinguer un document vrai d'un document faux, il expose les idées esthétiques ou autres qu'il peut avoir sur le costume assyrien, s'il croit que ces idées valent la

Plein d'indulgence pour les travailleurs de seconde main, rempli de mansuétude pour ceux qui, incapables même de travailler de seconde main, se contentent d'inscrire leurs noms sur des couvertures de livres dont ils ne pourraient pas donner le sommaire, Mr Oppert réserve toutes ses colères pour les assyriologues sérieux, qui essayent de faire progresser le déchiffrement des textes. Depuis vingt ans, il n'a guère produit que des *éreintements*, et, lorsqu'on les lit avec attention, on s'aperçoit qu'il a conçu un idéal d'orthodoxie assyriologique dont son *Expédition en Mésopotamie* serait l'évangile. Mr Oppert est libre d'agir comme bon lui semble, et je n'ai pas à lui donner de conseils ; mais, en ne faisant plus que des *éreintements* toujours injustes, il s'expose à être *éreinté* à son tour ; il autorise ses adversaires à lui déclarer durement que, de tous les assyriologues actuellement vivants, en France, en Allemagne, en Angleterre et en Amérique, il est un de ceux qui traduisent le plus mal les textes, et qu'il ferait bien de se mettre au courant ou de ne plus écrire.

Je me trouvais au British Museum, il y a une dizaine d'années, et un assyriologue anglais qui, comme tout le monde, avait été malmené par Mr Oppert, me montra un contrat dans la lecture duquel celui-ci avait fait une cinquantaine de fautes.

---

peine d'être communiquées aux assyriologues et au grand public ; mais je ne voudrais pas que ce genre d'études fût encouragé au détriment d'études plus sérieuses, je ne voudrais pas qu'elles fussent la cause de dépenses exagérées, que tout leur fût subordonné, je ne voudrais pas surtout que les antiquaires qui s'en occupent devinssent les patrons de l'assyriologie.

La chose me sembla invraisemblable, mais, vérification faite, je dus reconnaître que mon interlocuteur avait raison : « Voyez, me dit-il alors, comme il me serait facile *d'éreinter* votre compatriote, si je voulais le traiter comme il me traite ! » Je plaidai les circonstances atténuantes, je lui représentai que Mr Oppert était un vieillard et notre doyen à tous, qu'il avait rendu de grands services et qu'il avait droit au respect des jeunes assyriologues. J'essayai d'être éloquent et je crois que j'y réussis; je ne me doutais vraîment pas, à cette époque, que ce serait moi qui perdrais le premier patience, et me chargerais un jour de commencer le feu.

Bagdad, le 3 juin 1894.

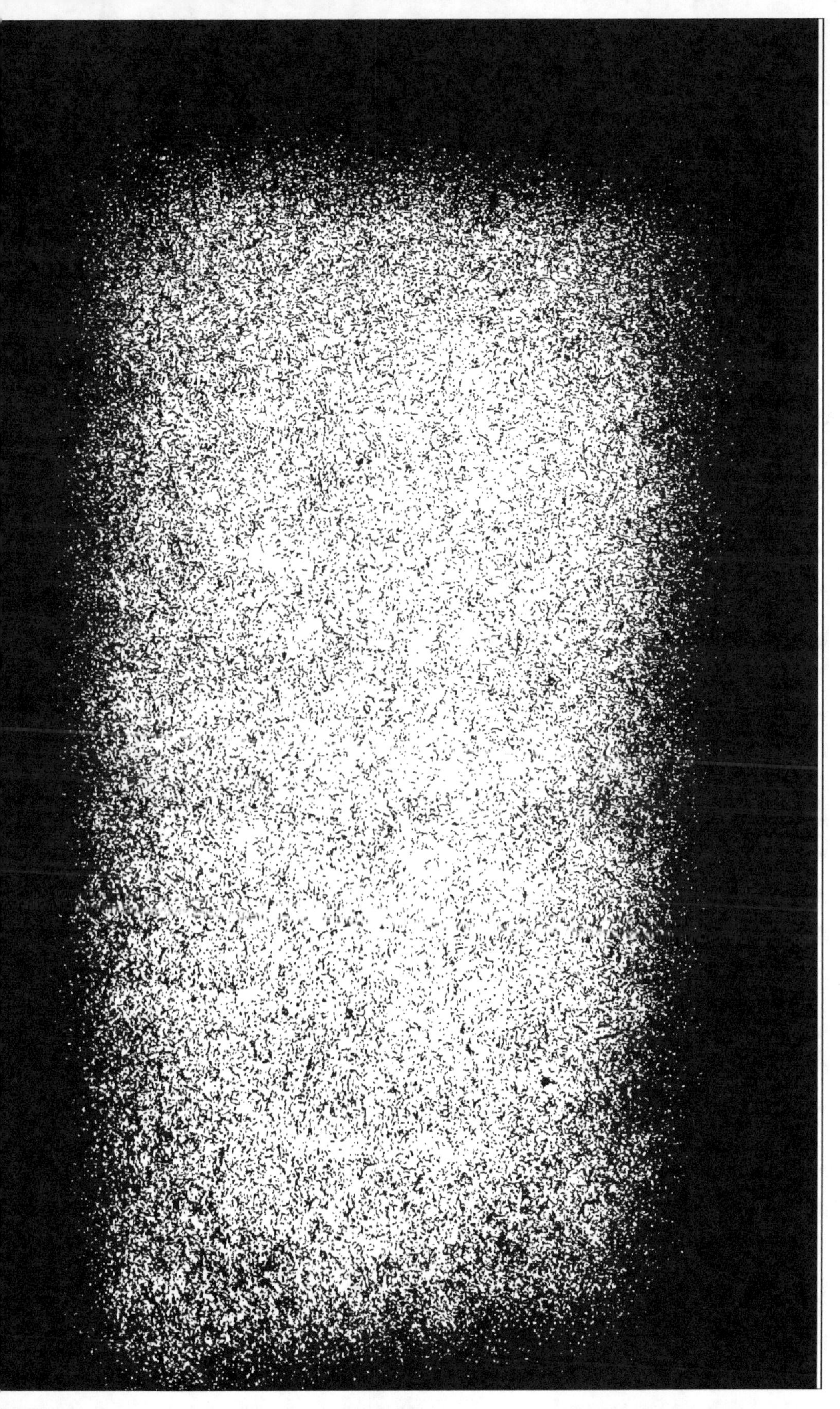

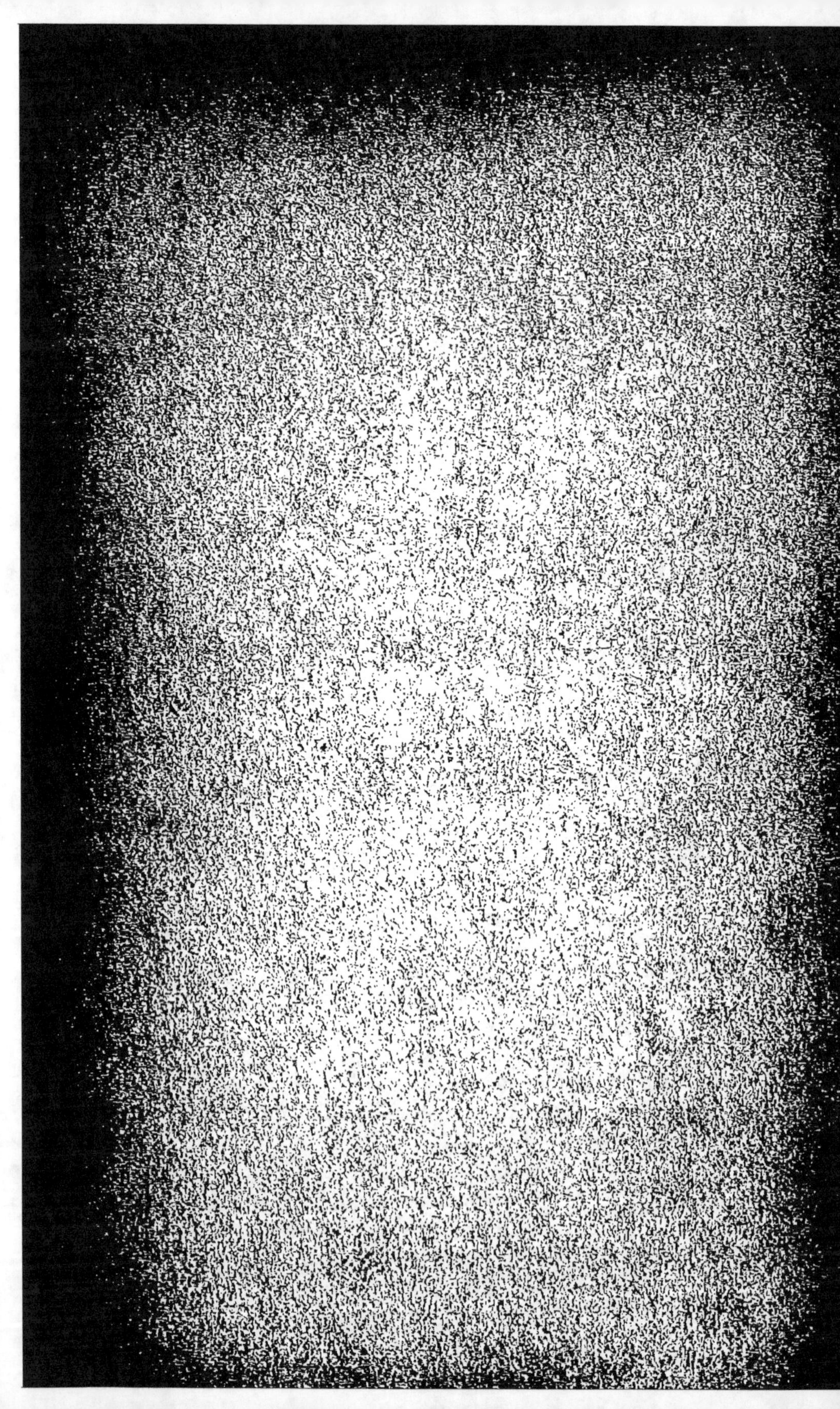

www.ingramcontent.com/pod-product-compliance
Lightning Source LLC
LaVergne TN
LVHW051128060726
842526LV00006B/1953